**Género** Texto expositivo



## Pregunta esencial

¿Cómo nos afectan las fuerzas de la Tierra?

# FUERZAS EN ACCIÓN

Beverly Harris

**LECTURA COMPLEMENTARIA**

Una fuerza empuja o jala algo. Las fuerzas pueden hacer que los objetos se muevan.

*Empujar es una fuerza.*

*Jalar también es una fuerza.*

Empujas una puerta. Se abre. Jalas una puerta. Se cierra.

AHORA COMPRUEBA

¿Qué es una fuerza?

*La gravedad jala la pelota hacia el suelo.*

La gravedad es una fuerza. Jala objetos hacia la Tierra.

Suelta un lápiz. Cae. La gravedad lo jaló. ¡Es cierto! ¡Comprobaste la gravedad!

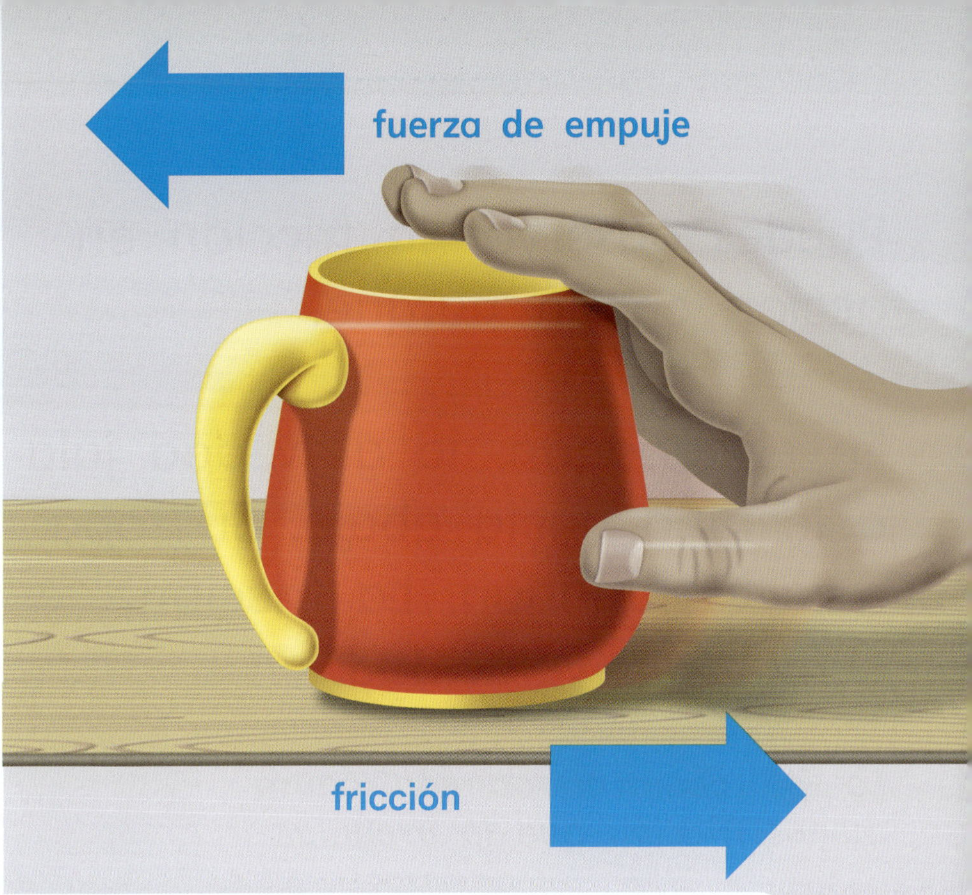


*La fricción hace que la taza vaya más despacio cuando la empujas.*

La fricción es otra fuerza. Hay fricción cuando dos cosas se rozan entre sí. Hace que las cosas se muevan más despacio.

Rob Schuster

Puedes observar la fricción en acción en un parque.

En el tobogán, la gravedad jala a la niña hacia abajo. Su ropa roza el tobogán. La fricción cambia su velocidad.

Gael Conrad/Corbis/Getty Images

*Lo liso, como el tobogán, causa menos fricción que lo irregular.*

*La pelota va más rápido en el pasto corto que en el largo.*

Los niños juegan al fútbol. Patean la pelota, que roza contra el pasto. Esto causa fricción entre el pasto y la pelota. La pelota va más despacio.

**AHORA COMPRUEBA**

¿Qué es la fricción? ¿Qué hace?

La fricción ayuda a los niños. Sus zapatos se clavan en el suelo. La fricción evita que los niños se resbalen.

*Las puntas amarillas son tacos que generan fricción.*

*La patada empuja la pelota hacia arriba.*

La jugadora patea la pelota. La gravedad la jala hacia abajo. Hay fricción entre la pelota y el aire. La pelota va más despacio.

**AHORA COMPRUEBA**

¿Cómo afecta la fricción un juego de fútbol? ¿Cómo lo afecta la gravedad?

Un patinador también usa la fricción. Los patines ruedan por el suelo. Esto crea fricción, por lo que el patinador no se cae.

*La fricción entre el suelo y los patines evita que el patinador caiga.*

Guillaume Soularue/SuperStock

*El patinador frena de manera segura.*

El patinador debe bajar el freno para detenerse. Este se arrastra por el suelo. La fricción lo ayuda a frenar.

**Detective del lenguaje**

Bajar es un verbo en infinitivo. Halla otro verbo en infinitivo en esta página.

*Empujar los pedales hace andar la bicicleta.*

Un niño anda en bicicleta. Para detenerse, usa los frenos. Los frenos agarran las ruedas. Eso genera fricción. La bicicleta baja la velocidad y se detiene.



**AHORA COMPRUEBA**

¿Cómo usa la fricción un niño en bicicleta?

A veces queremos menos fricción. Por eso, la pelota de fútbol americano tiene puntas. No genera tanta fricción en el aire. Vuela por el aire como un cohete.

*Por su forma, la pelota de fútbol americano vuela más rápido.*

Los nadadores usan trajes. Estos trajes causan menos fricción con el agua. ¡Los nadadores pueden nadar como peces!

Las fuerzas están en todos lados. ¿Dónde las ves?

| Detective del lenguaje | Usan es un verbo. ¿Puedes hallar otros verbos en esta página? |
| --- | --- |

John Biever/Sports Illustrated/Getty Images

*Algunos nadadores usan trajes especiales para nadar más rápido.*

# Respuesta a la lectura

## Resumir

Usa detalles para resumir *Fuerzas en acción.*

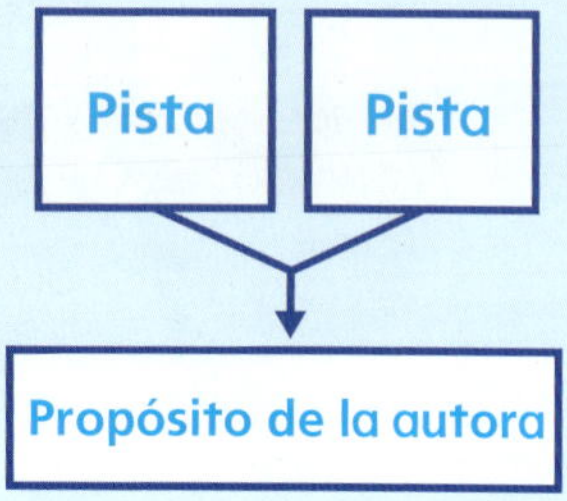


## Evidencia en el texto

1. ¿Por qué *Fuerzas en acción* es un texto expositivo? **Género**
2. ¿Por qué la autora escribió este libro? **Propósito de la autora**
3. ¿Con qué se compara la pelota en la página 13? **Símiles**
4. ¿Cómo usas las fuerzas? Da detalles. **Escribir sobre la lectura**

**Género** Texto expositivo

## Compara los textos

¿Cómo nos ayudan las máquinas a empujar y a jalar?

# Máquinas y gravedad

La gravedad le da peso a los objetos. El peso se puede medir. Hay objetos pesados. Son muy difíciles de mover.

Las máquinas nos ayudan a actuar contra la gravedad. ¡Es increíble!

| Fuerza | Empujar | Jalar |
|---|---|---|
| Mover un carrito de compras | X | |
| Jugar al tira y afloja | | X |
| Golpear una pelota de béisbol | X | |

**Los trabajadores usan una rampa para mover el piano de manera segura.**

## Rampas

Una rampa es una máquina simple. Un extremo está sobre el suelo. El otro está levantado. Podemos deslizar un objeto pesado sobre ella. Es más fácil que levantarlo.

David R. Frazier Photolibrary, Inc./Alamy Stock Photo

## Palancas

Una palanca también es una máquina simple. Nos ayuda a levantar objetos pesados. La carretilla es una palanca.

El hombre utiliza los mangos para mover la carretilla.

### Haz conexiones

¿Cómo nos afecta la fricción?
**Pregunta esencial**

Piensa en alguien que está usando una carretilla. ¿Hay fricción? **El texto y otros textos**

Enfoque:

# Ciencias

**Propósito** Ver la fricción en acción

## Paso a paso

**Paso 1** En parejas, consigan un carro de juguete con ruedas y un bloque de madera. Vayan a un lugar sin alfombra.

**Paso 2** Túrnense para empujar el carro y el bloque por el suelo. Usen la misma fuerza. ¿Qué objeto llega más lejos?

**Paso 3** Repitan la actividad sobre una alfombra. ¿Qué sucede?

**Conclusión** Esta actividad, ¿cómo muestra la fricción en acción?